I0173126

# SYHA

## A Gift of God

Hadi J

BookLeaf
Publishing

India | USA | UK

Made with ❤ on the BookLeaf Publishing Platform
www.bookleafpub.in
www.bookleafpub.com

# Dedication

I dedicate this book to the women i love truly from my heart, the one who brought me peace, one who called me in dreams and the one who is always by my side.

Love, Hadi

# Preface

It was the season of rain, with tears of joy that poured from the sky above me, I knew in that moment that this girl was someone chosen by god for me, as I hold her hand on that misty night I confessed my love to her, it was better than I anticipated as I knew that I made the right call for first time in my entire life..

# Acknowledgements

If my love never invited me into her life over a copy, this book would never be possible, every poem told in this is an emotion i felt with you, thank you so much for being my life. I love you more than sun shines.

# 1. Days ive missed u badly

## 20th June

*Zakhmo ko mere,*
*Marham ki tarah ho tum.*
*Awaz jo sunlu,*
*Ek sukoon ki tarah ho tum.*

*Chand bhi feeka lage,*
*Waisa Noor ho tum.*
*Chamak tha chera tumhara*
*tumahre rooh ka noor hai,*
*Dekhlu door se bhi tumko,*
*Magar pass aane ye dil majboor hai..*

## 24th June

*Waqt bhi ajeeb hai,*
*Jab guzarna chahu to guzarta nahi,*

*Jab rokna chahu to rukhta nahi,*
*Kya karu iska ab mein,*
*Isko kahu jaldi guzarja jaldi se*
*ye meri sunta nahi..*

# 26th June

*Ae dil jisse mohabbat ki tune*
*Woh tujhe nahi pehchanti*
*Tu uski tadap mein Jalta hai*
*Magar woh nahi tujhe janti*

*Rukne ka tera mann nahi*
*Toh mujhe tu uski yaad karata hai*
*Muskurat hai uski haseen*
*Tu kyon use nahi bhulata hai*

*Dua mein tadap kar*
*Mangle usko jee bhar ke*
*Ek din aayegi tere baho mein*
*Bus teri hi banke*

# 2. Chand Se Baat

**I wrote this when I missed you.**
**I was looking at the moon, and all I thought about was**
**you.**
**I never thought how much someone could mean to me.**

*Itni baatie ki chand ko main ne*
*jo tumhare baare mein*
*Kehne lag gaya dekh kar aata hu unko*
*Jo karan hai tumhe Deewana banane mein*

*Jo usne tumhari jhalak dekh ki*
*Mayoos sa ho gaya*
*Kehne laga tum toh tum hu*
*Mein bhi unke ada mein Kho gaya*

*Aaj Chand bhi Sharma ke chhup gaya*
*Tumhari Chandni ke samne*
*Kher mein toh insaan hoon*
*Jo hogaya deewana tumhare pyaar mein*

# 3. The Look

I wrote this when we first fought, me being me, I got lost.
I missed you with every beat of my heart,
and I became someone who looked at the world the way you looked.

*I never liked sunsets,*
*Till I saw the sun setting in your eyes*
*I never liked Rain,*
*Till I saw you dancing in the rain*
*The world was a bitter place to live in*
*But you make it better*
*The way you look*
*Makes me feel Special*

*The misunderstanding between us*
*Created a barrier*
*But I cannot change the way I feel for you*
*But I pray someday you'll see that too*
*I know I'm sometimes desperate*

*But I can't wait*

*I can't stop thinking about you*
*The heart is heavy too*
*And the days feel longer than they used to*
*I can only pray you come back to be mine*
*Till that day comes, I pray I can be fine*

# 4. First

I loved the day you forgave me for my mistakes and
picked up the call,
the moment you sat in the car, this poem was poured
from my heart
to my hands.

*You are my first*
*And I intend for you to be my last*
*Let's start a new journey*
*And let go of our past*

*I am in need of the love*
*that I saw in you*
*I can't change my feelings*
*Because days with you*
*Felt like a dream came true*

*My hands shiver like I'm cold*
*My legs go numb*
*I hope you come back*

*See my suffering*
*Because the pain in my heart*
*Feels like never-ending*

# 5. Noor

**Jab bhi tumhe dekhta hoon, mera dil ye hi geet gaata hai**

*Ek noor ki tarah*
*tu nazar mein hai,*
*Door hai tab bhi*
*dua mein hai ,*
*Yeh narazgi jayaz hai*
*Magar tumhari meri mohabbat*
*itna halki nahi hai*

*Ishq nahi kiya mein ne*
*pehli kisko is tarah*
*Ab doori bhi mujhe mayus karti hai*
*Tum aajao wapis mere pass*
*Sunna chahta hoon tumhari aawaz ko*

*Matlabi bhale duniya samjhe mujhe*
*Magar is duniya se door le ja ke*
*Ek nayi duniya banana chahta hoon*
*Jaha tum Shezadi banke raho meri*

*mein tumhara shezada raho...*

# 6. Sea Shell

I remember the day we went to the river in our town,
we played and ran like children,
near the riverbank, you found a shell, and I remember
you carrying it and keeping it in the car.
When the night felt the shell sang to me this..

Oh, Pretty Pretty Seashell
You carry a lot, it seems
But can you carry a Message
To the girl in my Dreams

Tell her,
Her eyes shine
Like stars at night
She looks like the moon
and smiles moonlight

She laughs so purely
Like waves hitting the shore
I can love her simply

But distance feels more

Tell her to come by
And hold my hand
So we meet like horizon
Where Sky meets the land

Oh, Pretty Pretty Seashell
You carry a lot, it seems
But can you carry a Message
To the girl in my Dreams..

# 7. 5:45

It was midnight, and I couldn't sleep. I was too happy for the moment we shared on our date, the rain striking on the window and your eyes looking at me, made me think about our love. I thought about you the entire night, and suddenly it felt like you were with me.

*It's 5:45 and I can smell you near me,*
*Even though you are far away,*
*It feels like you're within me..*

*When I tell a flower you're prettier*
*It says it's not fair*
*It tells me to make it prettier*
*So I keep it in your hair*

*My heart feels like it was touched by you,*
*I have not held you in my arms*
*When my soul needs you*
*I can feel your warmth*

*I don't know why this happens,*
*But I love this feeling*
*I don't know how it happens,*
*It feels like my heart's healing*

*It's 5:45 and I can smell you near me,*
*Even though you're far away,*
*It feels like you're within me..*

# 8. Blush

**My heart was so full of you that it started blushing like a child who gets happy seeing something he loves.**

O my little heart,
Why do you blush so much?
You were not shy before,
Whose soul did you touch?

O my little Heart,
Why are you beating so fast?
Whose eyes are you lost in
That you want their presence to last?

O my little heart,
To whom are you running?
Who made you so nervous
Are they really so stunning?

O my little heart,
Love and be free

I know you're in love
But don't break me.

# 9. Haseen

**Bhale tumhe jo bhi lage, mere liye haseen hi rahogi tum.**

*Ek Haseen Chera*
*Hamare aankhon mein bus gaya hai*
*Khubsurat itna ke*
*Dil usko dhoondhta hai*

*Tadap machti he*
*Dil mein mere*
*Didar karne ka mann hota hai*
*Savere savere*

*Unki aankhein ne*
*Badaya hai saaso ko*
*Unki baatein*
*Tarsa rahi hai kano ko*

*Ek din ghuzarta nahi hamara*
*Unko dekhe bina*
*Ab teen dino se rukha hoon*

*Rukh jaye kash woh lamha jab*
*Dubara unse mil jao*

*Ae haseen tu bus*
*Samajh ja is dil ki tadap*

*Ye majboor hota hai*
*Tera deedar karne*
*Bus kehta he meri ruh ko*
*Phir jaa usse se milne*

# 10. Forever

**To my love, always remember to stay strong.**

*We cry together,*
*We fight Together,*
*I love you forever,*
*So that we try to be better,*
*Some day,*
*We'll laugh longer,*
*We'll Kiss slower,*
*As long as I'm with you*
*I'll be stronger,*
*I'll be better,*
*I'll be charmer,*
*You're my soul,*
*And I'll be your armour,*
*I'll love you longer,*
*Hate you never,*
*I'll make you mine forever*
*So that it ends never,*
*We'll fight together*

*We'll cry together*
*As long as we have each other,*
*We'll stay happier,*
*As long as I'm with you,*
*I'll love you forever*

# 11. Come Little heart for Kisses

### Come

*My chest burns*
*When I think of hugging you,*
*My heart races*
*When I think of being close to you,*
*My lips want to surrender to yours,*
*My eyes want to get lost in yours,*
*My hands crave to hold you*
*as you're mine,*
*So come to me*
*with lots of time,*
*So that my soul*
*can feel yours like it's mine.*

### Little heart

*I've got a little heart*
*And your little too*

*You fit in it perfectly*
*Was it made for you?*

## For

*I am for you,*
*You are for me,*
*The love calls you*
*Cause you belong to me*

## Kisses

*Kisses on your wounds,*
*Kisses on your scars,*
*kisses on your pain,*
*Cause they remind me*
*How strong you are*

# 12. Khwad - A Dream

## Khwab

*Mujhe ye doori sahi nahi jaye*
*Kabhi toh kahi tu aake mil jaye*
*Kyon hum chup chup ke mile*
*Jab hum jane hamare dil sang khile*

*Tujhe chodu jab mein tere ghar ke mod pe*
*Mera dil reh jata hai tere dar pe*
*Nahi aata mere sang mere ghar ye*
*Kehta mera ghar bhi utra us mod pe*

*Kyon mein tujhe door jane du,*
*Jab pass hai tu mere aayi itne duaon se*
*Kyon mein tujhe apna na hone du*
*Jab tu aayi hai mere baho mein,*

*Mein jab jaagu subah*
*Suraj ki kiran tere pass le jaye,*
*Mein jab sou raat ko*

*Chanda tera noor mere pass laye,*

*Mujhe ye doori nahi sahi jaye*
*Raat ko mere khwab mein tu aaye*
*Waha ek apni duniya banaye*
*Jaha waqt ke dayre se door hum reh paye,*

*Ek haseen hai jahan woh*
*Jaha mein ne tujhko paya hai,*
*Rang sa gaya mera khwab woh*
*Jaha bus tera saya hai...*

# 13. Stormy Night

**Stormy Night**

*I want to hold you tight*
*Listen to the storm tonight,*
*I want to kiss you and*
*Hug you so know it's alright,*

*The way rain falls for the skies*
*I seek the comfort in your eyes,*
*My heart lets go of the pain,*
*As it soaks in this rain*

*As I see the droplets touch you,*
*I see the reason why god chose you,*
*Even the water pouring from the sky,*
*Says to me that my love is not a lie;*

*As this rain brings us closer,*
*I seek a life with you,*
*Where our worlds meet right,*

*So that I can hold you through stormy night...*

# 14. I'll Kiss You

I'll kiss you,
No matter what,
I'll kiss you,
So I know your heart,

I'll kiss you,
So the sun knows you're mine,
I'll kiss you,
So you're heart knows you're fine

I'll kiss you,
So you feel my love's flame,
I'll kiss you,
So you're soul will call my name

I'll kiss you,
So you're eyes search for me
I'll kiss you,

*So you're love knows it was made for me*

*I'll kiss you,*
*So you don't feel pain*
*I'll kiss you*
*So you don't feel alone in rain*

*I'll kiss you,*
*Even in thunder and storms*
*I'll kiss you*
*So you're missing pieces form*

*I'll kiss you*
*Through the lonely nights*
*I'll kiss you*
*So you feel loved right*

*I'll kiss you*
*No matter how hard is life*
*I'll kiss you*
*So you know you'll be my wife*

# 15. Ek Dil

*Ek dil jo juda tera mera*
*Sukoon de mujhe chera tera*
*Doori bus hamari Jismani hogi*
*Magar ruh hamari ek dusre ke saath hogi*

*Dekhna phir is dooriyon ke baad*
*Ek haseen raat hogi*
*Kehte log mohabbat sab badalti hai*
*Khuda ne aisa saathi diya jisse Naseeb behtar hogayi hai*

*Tere chehre ka noor aisa*
*Ke usko dekh ke mein sukoon pao*
*Khuda ne bhi apna banda aisa diya*
*Ke ab usko hi ab mera banao*

*Kitna bhi hum door rahe*
*Tera saath hamesha rahega*
*Kitna bhi door jao tere se*
*Tu bus mera hi rahega*

*Pyaar mein tujhse karra hoon*
*Aur aakhir tak karta rahuga*
*Ye doori ke chalte huye bhi*
*Mein tujhe na khudse juda karuga*

*Tera haath tham ke mein duniya jeet jaata hoon*
*Tere baho mein aake mein khud paa leta hoon*
*Ab tera haath mein na tham saku*
*Teri ruh ka ehsas hai*
*Tera dil kabhi mayus ho*
*Toh mera dil tere saath hai*

*Kehta hoon mein khuda se*
*Aisa pyaar sabko de*
*Kya Tareef karu khuda ki*
*Jisne mujhe tera hath de*

*Mein kitni bhi tere tareef karu*
*Uski kami kabhi nahi*
*Samandar mein bhi pani khatam ho*
*Magar mere alfaz nahi*

# 16. 400 Kms

The day I had to live for work, this was the first time I
went away from you,
Travelling to the beauty of the countryside, I
remembered everything you said you loved.
Every turn on the road made me remember you.

*400kms I travelled far,*
*All I missed was you in my car,*
*Whenever I passed by a Farm,*
*I missed you as no one held my arm,*
*I saw sunset set in far,*
*But still, all I missed was you in my car,*
*But you still felt near, and I could tell,*
*As I missed you, I was greeted by your smell,*
*I can hear your voice,*
*In those heavy, windy noice,*
*In the night, I felt alone,*
*But for you, I became strong as stone,*
*400kms is not too long,*
*But with you, it would've felt like a song,*

*I missed you all the way,*
*And I went 400km away,*
*But soon we won't be away,*
*And I'll wake up beside you every day...*

# 17. Perhaps

*Perhaps in another life, when I meet you,*
*My life won't be chaos,*
*Many of them might see you as a passerby,*
*But Allah knows I saw you as my love and my angel,*
*Perhaps when I see you again,*
*I might not have spent my life in Vain,*
*As I promised to be the one,*
*But all I did was cause you pain,*
*Perhaps when the heart goes in ease,*
*And this pain goes away,*
*The promises I made we'll live,*
*And the won't be a sad day,*
*Perhaps I was never good enough for you,*
*And I became your pain,*
*But someday when I'm enough,*
*We'll dance in the rain,*
*Perhaps I never did anything for you,*
*Never became your compliance*
*But in my life full of failures,*

*And you were my triumph,*
*Perhaps in another life,*
*We'll have much joy,*
*Where you'll be my wife,*
*And we'll have many girls and a boy.*

# 18. When the Nightfalls

*When the night falls,*
*I'm far from you,*
*I look at the skies,*
*And ask God to protect you*

*I tell him to keep you smiling,*
*Keep you blessed,*
*Let you face glow,*
*And all worries are less*

*My arms crave you,*
*And my heart misses,*
*My eyes search you,*
*My lips crave your kisses*

*When the night falls,*
*Another day end,*
*Counting down the journey,*
*When we'll love each other with no end*

# 19. Kushnaseeb Bebasi

### Khushnaseeb

*Woh chand bhi kya khushnaseeb*
*Jo tujhe mujhse pehle jaane,*
*Aake kahe mujhe tere haseen baate,*
*Kehta hai jalta hai mujhse,*
*kyon ki mein tere hoto ko chu saku,*
*Mein kehta mein us se jalu,*
*Kyon ki mein na har raat tujhko na dekh saku,*
*Ye haseen tera noor hai hoor se bhetar,*
*Ki mein toh mein magar*
*Chand bhi pyaar karna chahe tujhse*
*insan bankar*

### Bebasi

*Kyon Khoye hai hum tum mein,*
*Ke na dhoond na para rahe hai hum khud ko khud mein,*
*Ye bebasi ka khayal nahi mujhe ab,*
*Sop chuka hoon tumhe mera Sab*

# 20. Door

*Door jaa rahe hai hum,*
*Ye door bus fasla hai,*
*Dil mera rakha tere pass hai,*
*Usko sambhalna jaise shisha hai,*

*Ab nayi manzil naya rasta hai,*
*Ek waqt ke baad tujhe bhi mere pass aana hai,*
*Ishq ki ye ek nayi imtehaan hai,*
*Mohabbat jo apni hai,*
*Usse likhe ek nayi daastan hai,*

*Jaan e mann, Jaan e tamanna,*
*Aana banke aur hona bus apna,*
*Khush rahege hum dono saath mein,*
*Jaise dekha tha hamne haseen Sapna*

# 21. Aankh meri taras jaati hai,

Aankh meri taras jaati hai,
Bahein meri adhuri reh jaati hai,
Raat gum sum si lagti hai,
Aapki jab mujhe yaad aati hai,

Jab yaad karta hoon mein
Toh aapki khusboo dil toh sehlati hai,
Din aur raat katte nahi,
Magar tumhaara saath mujhe himmat de paati hai,

Akela sa rehta hoon mein,
Dhoondhta hoon mein bus aapko,
Bechain dil aapko itna yaad kare,
Ke darwaze ke bahar koi ho
toh lage aap ho,

Saasein sehem jaati hai,
Aankhein bhar aati hai,
Jab bhi tumhe sochu,

*Dil mein ek pukar aati hai,*

*Jab aap aaoge,*
*meri bahein bharoge,*
*Mein tumhe na chhodu,*
*Kya aap bhi saath roge?*

*Gumsum sa ab pal ho gaya hai,*
*Seher bhi ye mera naya hai,*
*Dekhta hoon in gero ko,*
*Toh yaad aata koi apna hai,*

*Per ruk jaate hai,*
*Aage bad na pateein hai,*
*Jab bhi himmat harta hoon,*
*Toh aapki mohabbat takat ban jaati hai,*

*Raat ko sunsan sa mahol hota hai,*
*Toh aapki hasi yaad aati hai,*
*Jab jab tumhe yaad karu,*
*Tumhari yadein dil ko sehlati hai,*

*Sham ko jab chaand aata hai,*
*Thodi se bhook woh laata hai,*
*Jab niwala banata hoo,*
*Toh haath samne chala jaata hai,*

*Phir ek kadwa sa niwala jab gale se uttarata hai,*
*Toh tumhara sandesh mujhe aata hai,*
*Lagta hai mein door hoon tumse,*
*Magar ye dil tumhe pass mehsoos karata hai,*

*Jab jab mein aapko yaad karu,*
*Mere dil bhari ho jaata hai,*
*Kheenchta hai aapki aur,*
*Sine se nikal ke aapke paas aana chahta hai*

*Aankh meri taras jaati hai,*
*Bahein meri adhuri reh jaati hai,*
*Raat gum sum si lagti hai,*
*Aapki jab mujhe yaad aati hai,*

*Kabhi kabhi ye haath apne aap ko tham leta hai,*
*Jaise aap tham lete the,*
*Ye aapko thamna chahe,*
*Kyon ki aap aapne the,*

*Kadwa ghoont banke,*
*Ye doori hamne kabool ki,*
*Magar dil toh dil hi raha,*
*Isne kabhi doori kabool nahi ki,*

*Mein chahu mein laut aao,*
*Aapke bahon mein ro du,*

*Cheek cheek ke takleef meri keh du,*
*Magar kabhi aapko na door jaane du,*

*Aankho mein aasu hai,*
*Zaban mein mohabbat,*
*Dil mera saari mohabbat bhejra hai,*
*Beej in kuch alfaz se likhe khat..*

# 22. Unite

When the skies collide,
Our souls unite,
Under the skies of heaven,
Our names Angels write,
So our love will always,
Shines bright..

When oceans meet,
Our love waves through it,
My heart sings,
For your soul,
as it's so sweet,

When the heart calls you,
The breeze from gardens,
Bring your fragrance,
Heaven is a place,
Made by your essence,

The heart loves to see you,

*The joy of your smile,*
*The love I see in your eyes,*
*I haven't seen it in a while,*

*O my love,*
*I can't live without you,*
*Hold my hand,*
*And take me too,*
*And God knows,*
*I only love you..*

# 23. I Love You

**Three beautiful words**

I love you
Three beautiful words,
Made for your brown eyes,
Where I see my life begins
And a place where my sorrow dies,
I love you
Three beautiful words,
Made for your pretty smile,
Where I see my world exist,
And a place where my pain's exiled
I love you
Three beautiful words,
Made for your pretty voice,
Where I can here your joy,
I'll all this worldly Noice,
I love you
Three beautiful words,
Made for your hands,

Which I can hold on to,
When I'm lost in this land
I love you,
Three beautiful words,
Made for you,
No matter how many times I say,
It will always be true

# 24. Love too

Oh my love of heart,
Thank you for a year together,
You are the blessing of my life,
And I want you to be with me forever..

O my pretty princess of love,
I'll build kingdoms for you,
The world will see me as their king,
But my heart will be ruled by you,

O my missing rib,
I waited so long for you,
Now we have stayed for a year,
But I pray for a life with you..

O my peace of eyes,
I seek a dream in you,
No matter how hard life is now,
My heart will always call for you..

O the light that brights my heart,
Let me be the love for you,
My life just began,
When I finally found you

# 25. Syha

### SYHA

*There's a flower that blooms far away*
*It's turned night into a clear day*
*The flower is called Syha*
*A gift of god*
*Pretty as the name*
*And loved by me a lot*

*Nature defines her better*
*God made her pretty in that way*
*eyes brown like coffee*
*face pink like roses*
*hairs waved like the ocean*
*And heart bright like the sun*
*The dictionary would shorten with words*
*If I were one to say*

*My Syha blooms like the sun*
*And will shine like a star*

*People will look at her*
*And say wow,*
*She came so far*
*And that day I'll tell everyone*
*who you are*
*The thing that shines so bright*
*Is my special star.*

www.ingramcontent.com/pod-product-compliance
Lightning Source LLC
Chambersburg PA
CBHW070459050426
42449CB00012B/3039